Simon

W0041698

Marina Schories

Freundschaftsbänder selber knüpfen

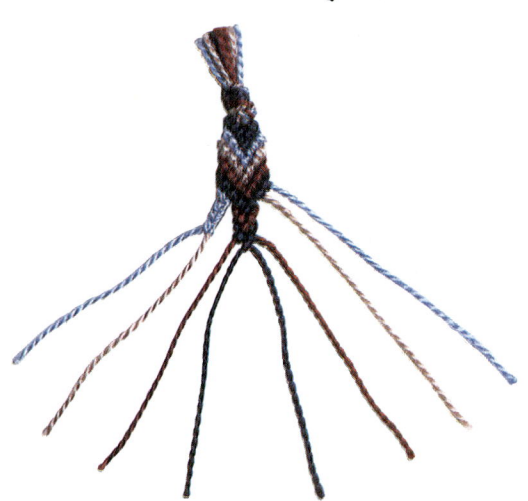

Marina Schories

Freundschaftsbänder selber knüpfen

Schritt-für-Schritt-Anleitungen
Viele neue Ideen

Augustus Verlag

Inhalt

Vorwort

Wer mit offenen Augen durch die Welt geht, entdeckt sie seit einiger Zeit wieder überall: die farbenfrohen Freundschaftsbändchen mit den phantasievollen Mustern. Junge Mädchen und ihre Freunde, Verkäuferinnen, Krankenschwestern und Lehrerinnen, Pfadfinder, Ministranten, Lehrlinge und Studenten, ja sogar Manager und Politiker tragen die bunten Armbänder. Man begegnet ihnen in Berlin und München ebenso wie in Wien und Zürich, in Rom, Madrid und Paris.

Ihren Ursprung haben die Freundschaftsbänder in Mittel- und Südamerika. In Brasilien zum Beispiel beschenken die Menschen einander zur *Festa do Bonfim* im Januar mit beschrifteten Wunschbändern, die mit drei Knoten am Handgelenk befestigt werden.

Viele Teenager haben immer ein paar Stränge Stickgarn und eine Sicherheitsnadel in der Tasche und knüpfen an den Bändern, wo sie gehen und stehen: im Schwimmbad, im Bus, auf dem Pausenhof, manchmal sogar heimlich unter der Schulbank. Gelegenheiten, einem Menschen mit solch einem liebevoll angefertigten Bändchen Sympathie und Verbundenheit zu zeigen, gibt es genügend: Die beste Freundin, der neue Schwarm, die Lieblingslehrerin, Vater oder Mutter – sie alle bekommen ihr Band mit drei Knoten ums Handgelenk gebunden und dürfen sich dabei etwas wünschen. Bis die Fäden durchgescheuert sind, muß das Band nun am Arm bleiben. Wenn es von selbst abfällt, soll der Wunsch in Erfüllung gehen.

Ob man den dekorativen Bändern nun eine solche Kraft zutraut oder nicht, eines beweisen sie auf jeden Fall: daß wir einem Menschen soviel bedeuten, daß er Zeit und Phantasie in unser ganz persönliches Band hineingeknüpft hat. Und das ist schließlich schon mehr, als wir oft zu wünschen wagen.

Mein persönlicher Wunsch geht ganz sicher in Erfüllung: daß jeder, der die hier vorgestellten Bändchen nachknüpft, viel Freude an der Arbeit hat und noch mehr Freude beim Beschenkten bereitet.

Mögen sich recht viele Wünsche erfüllen!

Marina Schories

Material

Viel ist nicht nötig, um die bunten Bänder zu knüpfen: Ein paar Fäden Stickgarn, eine Schere und eine Sicherheitsnadel reichen als Grundausstattung aus. Auch wenn das Ergebnis wie gewebt aussieht, wird kein Webrahmen oder Webbrettchen gebraucht. Perlen aus Metall, Glas, Acryl oder Keramik ergeben besondere Effekte. Accessoires wie Federmäppchen, Kugelschreiber oder Matchsack, die mit Bändchen verziert werden, sind bei den einzelnen Modellen aufgeführt.

Hübsch ergänzt werden die Armbänder durch passenden Haarschmuck. Deshalb stelle ich am Ende des Buches eine Haarspange und die beliebten Hair Wraps vor. Die Spange ist mit einer Knüpfarbeit verziert. Die Hair Wraps werden nach einem einfachen Prinzip gewickelt.

Wichtig für die Knüpf- und Wickeltechnik ist die Wahl des richtigen Garns. Prinzipiell läßt sich jeder Faden verarbeiten. Auf Seite 14 ist sogar ein Band aus Lederstreifen abgebildet. Leichter und schneller geht die Arbeit aber mit glattem, nicht zu dickem Stickgarn aus Baumwolle voran. Ich verwende im allgemeinen *Anchor*-Sticktwist und -Perlgarn der Firma *Coats Mez*. Besonders fein gelingen die Muster mit Perlgarn Nr. 5. Anfänger tun sich mit dem dickeren Perlgarn Nr. 3 oft leichter, doch ist zu bedenken, daß die Bänder dann breiter, die Muster gröber werden.

Wollfäden und ähnliche Garne mit rauher Oberfläche lassen sich schlecht knüpfen, denn die Knoten sollten leicht auf dem Spannfaden zu verschieben sein.

Bei den Materialangaben zu den einzelnen Modellen sind jeweils die Farbnummern der Originalgarne von *Coats Mez* genannt. Diese Angaben sind natürlich nur als Empfehlungen gedacht. Selbstverständlich lassen sich auch mit anderen Farben und Fabrikaten ebenso schöne Ergebnisse erzielen. Entscheidend ist, was jeder selbst schön findet und was zum Beschenkten paßt. Auch gewagte Konstruktionen sind oft effektvoll.

Vorbereitung

Zunächst werden die Fäden zugeschnitten. Achtung: Durch die Knoten „kriecht" das Garn auf ein Bruchteil seiner ursprünglichen Länge zusammen. Für ein gewöhnliches Bändchen werden also rund 90 cm lange Fäden gebraucht. Zum Abmessen ist kein Maßband nötig: Im allgemeinen nimmt man einfach dreimal die Länge des Unterarms als Maß.

Alle Fäden verden miteinander verknotet. Dabei sollten über dem Knoten mindestens zehn Zentimeter der Fäden stehenbleiben. Daraus wird dann später der Abschluß geflochten.

Durch den Knoten steckt man eine Sicherheitsnadel und befestigt damit die Arbeit an einer festen Unterlage. Besonders einfach ist das, wenn man beim Knüpfen Jeans trägt: Dann steckt man die Fäden einfach knapp über Kniehöhe an der Hose fest. Schonender ist es, ein Nickytuch ums Knie zu binden und die Nadel daran zu befestigen oder ein Sofakissen mit der Knüpfarbeit zwischen die Knie zu nehmen. Mit dem Kissen kann man die Knüpferei dann auch für eine Weile beiseitelegen und später daran weiterarbeiten.

Nun legt man die Fäden nach der gewünschten Farbfolge sortiert strahlenförmig auf dem Oberschenkel oder auf dem Kissen aus. Dann kann's losgehen.

Mein Tip:

Wichtig ist, daß immer genügend lange Fadenenden über dem Anfangsknoten hängenbleiben, damit später Zöpfchen als Verschluß geflochten werden können

Technik

Die Arbeitsweise beim Knüpfen der Freundschaftsbänder entspricht dem Makramee. Von den beliebig vielen Fäden ist immer nur einer der Arbeitsfaden und einer der Spannfaden. Mit dem Arbeitsfaden knüpft man jeweils zwei Knoten auf dem Spannfaden, der dabei – wie sein Name schon sagt – straff gehalten werden muß. Während des Knüpfens wechseln Arbeits- und Spannfäden immer wieder ihre Position und ihre Funktion: Was zunächst Arbeitsfaden war, wird später Spannfaden und umgekehrt.

Die ersten Knoten

So vielfältig die Muster und Farben sind: Für alle Bändchen muß man nur drei verschiedene Knoten kennen, die sich in kürzester Zeit lernen lassen.

Der nach rechts geknüpfte Knoten

F 1 F 2   F 1 F 2   F 1 F 2   F 2   F 1
                                                      wird F 1 wird F 2

1. F1 ist Arbeitsfaden, F2 ist Spannfaden.
2. Spannfaden F2 mit der linken Hand spannen. Mit der rechten Hand Arbeitsfaden F1 von links nach rechts über F1 legen, durch die entstandene Schlinge ziehen und den Knoten nach oben schieben. In der Seemannssprache nennt man diesen Knoten einen „halben Schlag".
3. Den zweiten Knoten ebenso knüpfen und fest an den ersten schieben.
4. Der Doppelknoten ist fertig. Die Fäden haben nun ihre Position gewechselt.

Der nach links geknüpfte Knoten

F 1 F 2   F 1 F 2   F 1 F 2   F 2   F 1
                                                      wird F 1 wird F 2

1. F1 ist Spannfaden, F2 ist Arbeitsfaden.
2. Spannfaden F1 mit der rechten Hand spannen. Mit der linken Hand Arbeitsfaden F2 von rechts nach links über F1 legen, durch die entstandene Schlinge ziehen und den Knoten nach oben schieben.
3. Den zweiten Knoten ebenso knüpfen und fest an den ersten schieben.
4. Der Doppelknoten ist fertig. Auch diesmal haben die Fäden ihre Position gewechselt.

Der abwechselnd geknüpfte Knoten

1. F1 ist Arbeitsfaden, F2 ist Spannfaden.

2. Spannfaden F2 mit der linken Hand spannen. Mit F1 und der rechten Hand einen Knoten nach rechts knüpfen.

3. F1 nach rechts legen. F2 mit der rechten Hand spannen.

4. Mit F1 und der linken Hand einen Knoten nach links über F2 knüpfen. Den Doppelknoten fest nach oben schieben.

F1 F2   F1 F2   F2 F1   F2 F1

Wichtig ist es, immer die Reihenfolge der Fäden im Auge zu behalten. Wenn der Faden, der am Anfang als Faden 1 (F1) bezeichnet wird, bis zum Ende der Arbeit F1 bleibt, obwohl er immer wieder die Position wechselt, verliert man leicht den Überblick, besonders dann, wenn man die Arbeit unterbrechen muß. In diesem Buch gilt daher:

> **Faden 1 ist immer der linke äußere Faden!**

Beispiel:

(10 Fäden, Streifenmuster)
F1, der linke äußere Faden, ist Arbeitsfaden. Der Reihe nach knüpft man nun damit jeweils einen Dop-

F1 F2 F3 F4 F5 F6 F7 F8

pelknoten auf Faden 2, 3, 4, 5, 6, 7, 8, 9 und 10. Jetzt hängt F1 rechts von der Arbeit und wird damit zu F10. Für die nächste Knotenreihe gilt der Faden, der jetzt links außen liegt, als F1.

Bei diesem Grundmuster wäre auch eine andere Zählweise leicht zu durchschauen, bei komplizierteren Modellen hat sich diese Numerierung aber am besten bewährt. Wer die Arbeit für einige Zeit beiseitelegen muß, kann jederzeit weiterknüpfen, ohne lang überlegen zu müssen, welcher Faden denn ganz am Anfang F1 war.

Die Modelle in diesem Buch sind nach ihrem Schwierigkeitsgrad geordnet. Wer sich zum ersten Mal an die Knüpferei wagt, sollte deshalb mit einem Probebändchen im Grundmuster anfangen, um die Technik zu lernen, und sich langsam durch das Buch vorwärtsknüpfen. Damit die Bändchen haltbar und gleichmäßig werden, müssen die Knoten jeweils dicht an die vorangegangene Reihe geschoben und gut festgezogen werden.

Der Abschluß

Wenn das Bändchen fertig geknüpft ist, müssen die losen Fadenenden verwahrt werden. Zunächst wird der Knoten aufgelöst, durch den die Sicherheitsnadel gesteckt war. Einfach und praktisch ist es, die Fäden nun zu einem oder zwei Zöpfen zu flechten und die Enden zu verknoten.

Einzelne Zöpfe können mit den traditionellen drei Knoten ums Handgelenk gebunden werden. Besonders hübsch und vor allem zweckmäßig – wenn man das Band gelegentlich abnehmen will – ist der Kreuzknoten (siehe Zeichnung).

Wer am einen Ende des Bandes eine Schlaufe haben möchte, muß das bereits beim Zuschneiden der Fäden bedenken: Halb soviele Fäden, wie für das Band nötig sind, werden in der doppelten Länge zugeschnitten, in der Mitte verknotet und auf einer Länge von etwa 5 cm verflochten. Der Zopf wird zur Schlinge gelegt, alle Fäden werden unterhalb der Schlinge verknotet. Mit der richtigen Faden-Anzahl wird nun wie üblich geknüpft (siehe Zeichnung).
Für einen Kordel-Abschluß werden die Anfangs- und Endfäden jeweils in zwei Stränge geteilt. Jeder Strang wird einzeln verdreht, dann legt man die beiden gedrehten Stränge eines Bändchen-Endes aneinander und verdreht sie miteinander. Ein Knoten sichert die Kordel und schließt das Bändchen ab.

Grundmuster:

Grundmuster:

Blau-weißes Streifen-bändchen

LEICHT

Wer erst einmal ein solches Bänd-chen geknüpft hat, beherrscht die Grundbegriffe und weiß, wie die Doppelknoten geschlungen werden. Schon neunjährigen Kindern gelingt dieses Muster.

Material

Anchor-Perlgarn Nr. 5
(Coats Mez)
8 Fäden/100 cm:
2 Fäden dunkelblau (127)
2 Fäden hellblau (128)
2 Fäden weiß (1)
2 Fäden mittelblau (132)

So wird's gemacht

Fäden verknoten, Sicherheitsnadel anbringen. Vor dem Knüpfen die Fäden sortieren:
F1 und F2 dunkelblau,
F3 hellblau,
F4 mittelblau,
F5 und F6 weiß,
F7 mittelblau,
F8 hellblau.

Knüpfweise

A Mit F1 (links außen, dunkelblau) je zwei Knoten nach rechts über F2, F3, F4, F5, F6, F7 und F8 knüpfen. F1 nach rechts legen (er wird nun zu F8).

B Die erste Reihe ist fertig. Auf der Oberseite des künftigen Bändchens sind sieben dunkelblaue Knoten zu sehen.

C Links außen liegt nun der zweite dunkelblaue Faden als neuer Arbeitsfaden F1. Damit wieder je zwei Knoten nach rechts über F2 bis F8 knüpfen.

D Die zweite Reihe ist fertig. Es sind zwei Reihen dunkelblaue Knoten zu sehen.

E Faden um Faden geht's jetzt weiter. Der linke äußere Faden wird jeweils zum Arbeitsfaden, der mit je zwei Knoten nach rechts um die danebenliegenden Fäden geschlungen wird. Es entstehen schräge Knotenreihen in der vorher festgelegten Farbfolge.

F Das Bändchen ist lang genug, wenn es locker ums Handgelenk paßt.

G Die Fadenenden zu einem dünnen Zopf flechten und verknoten.

H Die Sicherheitsnadel aus dem oberen Knoten ziehen. Den Knoten auflösen und die oberen Fadenenden ebenfalls flechten – fertig.

Buntes Streifenbändchen

LEICHT

Das bunte Bändchen ist ebenfalls nach dem Grundmuster geknüpft, hat aber am oberen Ende eine Schlaufe und am unteren Ende einen Abschluß aus zwei Zöpfchen. Außerdem werden statt acht nun schon zehn Fäden verknüpft.

Material

Anchor-Perlgarn Nr. 5 (Coats Mez)
5 Fäden/180 cm:
1 Faden schwarz (403)
2 Fäden orange (330)
1 Faden gelb (291)
1 Faden lila (110

So wird's gemacht

Obwohl das Bändchen mit zehn Fäden geknüpft wird, sind nur fünf Fäden angegeben, denn durch die obere Schlaufe verdoppelt sich die Zahl. Schlaufe arbeiten, wie auf Seite 10 beschrieben. Fäden verknoten, Sicherheitsnadel anbringen und die Fäden nach Farben sortieren:
F1 schwarz,
F2 und F3 orange,
F4 gelb,
F5 und F6 lila,
F7 gelb,
F8 und F9 orange,
F10 schwarz.

Knüpfweise

A Mit F1 (links außen, schwarz) je zwei Knoten nach rechts über F2, F3, F4, F5, F6, F7, F8, F9 und F10 knüpfen. F1 nach rechts legen (er wird nun zu F10).

B Die erste Reihe ist fertig. Es sind neun schwarze Knoten zu sehen.

C Links außen liegt nun der erste orangefarbene Faden als neuer Arbeitsfaden F1. Damit wieder je zwei Knoten nach rechts über F2 bis F10 knüpfen.

D Die zweite Reihe ist fertig. Unter der schwarzen Knotenreihe sind nun neun orangefarbene Knoten zu sehen.

E Wie beim blau-weißen Streifenbändchen beschrieben, weiterknüpfen: Für jede neue Reihe den linken äußeren Faden mit zwei Knoten nach rechts um jeden der rechts danebenliegenden Fäden schlingen, bis der jeweilige Arbeitsfaden ganz nach rechts gewandert ist.

F Wenn das Bändchen lang genug ist, die Fäden teilen, zwei Zöpfchen als Abschluß flechten und verknoten.

Mein Tip:

Wichtig ist es, die Reihenfolge der Fäden stets beizubehalten und immer die richtige Seite des Bändchens oben liegen zu haben. Die Oberseite sieht „wie gewebt" aus, auf der Unterseite zeigen sich die Knoten ganz deutlich.

Egal, ob man die Farben lieber Ton in Ton auswählt oder starke Kontraste liebt: Schon mit dem Grundmuster lassen sich ganz unterschiedliche Bänder knüpfen. Hier ein weiteres Beispiel in kräftigen Farben

Material

Anchor-Sticktwist (Coats Mez)
4 Fäden/180 cm:
1 Faden blau (410)
1 Faden rot (46)
1 Faden gelb (291)
1 Faden anthrazit (236)

So wird's gemacht

Fäden in der Mitte zusammenlegen, durch die entstehende Schlaufe eine Sicherheitsnadel stecken und die Fäden etwa fünf Zentimeter lang zu einem Zopf flechten. Fäden verknoten, Sicherheitsnadel vom oberen Ende des Zopfes in den Knoten umstecken. Unter dem Knoten hängen jetzt jeweils zwei Fäden in einer Farbe, insgesamt also acht Fäden in der gewohnten Länge. Vor dem Knüpfen die Fäden sortieren:
F1 und F5 gelb,
F2 und F6 blau,
F3 und F7 rot,
F4 und F8 anthrazit.

Knüpfweise

Geknüpft wird im Grundmuster wie bei den beiden vorangegangenen Bändern: Der links außen liegende Faden (F1) wird mit jeweils zwei Knoten nach rechts um die sieben danebenliegenden Fäden geknüpft und landet schließlich als neuer F8 rechts außen. Der bisherige F2 wird neuer F1 und wandert nun mit sieben Doppelknoten nach rechts. Wenn das Band lang genug ist, alle Fäden verflechten und das Ende mit einem Knoten sichern.

Lederband

LEICHT

Aus dünnen Lederstreifen entsteht in kurzer Zeit ein besonders rustikales und stabiles Band. Wichtig ist, daß die Lederstreifen nicht zu hart und nicht zu dick sind, sondern sich gut knüpfen lassen.

Material

4 Lederbänder/100 cm:
3 Lederbänder naturfarben
1 Lederband hellblau
(im Bastelgeschäft erhältlich)

So wird's gemacht

Lederstreifen verknoten, Sicherheitsnadel anbringen. Vor dem Knüpfen die Lederstreifen sortieren:
F1 naturfarben,
F2 hellblau,
F3 und F4 naturfarben.

Knüpfweise

A Die ersten 12 Reihen im Streifenmuster (jeweils zwei Knoten nach rechts) arbeiten, wie bei den Streifenbändchen auf den Seiten 11 bis 13 beschrieben.

B Mit F2 zwei Knoten nach links über F1 knüpfen.

C Mit F3 je zwei Knoten nach links über F2 und F3 knüpfen.

D Mit F4 je zwei Knoten nach links über F3, F2 und F1 knüpfen.

E Jetzt geht's im Grundmuster weiter, allerdings wird von rechts nach links gearbeitet. Der rechte äußere Faden wird jeweils zum Arbeitsfaden F4, mit dem der Reihe nach jeweils zwei Knoten nach links über F3, F2 und F1 geknüpft werden.

F Nach 12 Reihen im Grundmuster (oder wenn das Band die gewünschte Länge hat) das Band mit einem Zopf beenden.

G Sicherheitsnadel entfernen, oberes Ende mit einem Zopf abschließen.

Sonnen-bändchen

LEICHT

Das Sonnenbändchen ist auf die gleiche Weise gearbeitet wie das pastellfarbene Bändchen (Seite 16). Durch die Farbwahl und die Keramikperle bekommt es jedoch einen ganz anderen Charakter.

Material

*Anchor-Perlgarn Nr. 5
(Coats Mez)*
8 Fäden/125 cm:
2 Fäden weiß (1)
2 Fäden hellblau (145)
2 Fäden rosé (895)
2 Fäden gelb (288)
1 Keramikperle
(im Bastelgeschäft erhältlich)

So wird's gemacht

Die Perle in die Mitte der acht gebündelten Fäden ziehen, Fäden hinter der Perle verknoten, Sicherheitsnadel befestigen und die Fäden nach Farben sortieren:
F1 und F8 hellblau,
F2 und F7 gelb,
F3 und F6 rosé,
F4 und F5 weiß.

Knüpfweise

Gearbeitet wird im Pfeilspitzenmuster wie beim pastellfarbenen Bändchen (siehe Seite 16).

Pastellfarbenes Bändchen mit Perle

So wird's gemacht

Die Perle in die Mitte der Fäden ziehen und die Fäden hinter der Perle verknoten. An diesem Knoten eine

LEICHT

Die zarten Farben dieses Modells sind immer beliebt und passen zu vielen Kleidungsstücken, besonders zu Jeans. Die Perle sollte farblich mit dem Bändchen harmonieren.

Material

Anchor-Sticktwist
(Coats Mez)
8 Fäden/125 cm:
2 Fäden grau (400)
2 Fäden grün (214)
4 Fäden lila (870)
1 Perle (Muschelsplitter in Acryl; im Bastelgeschäft erhältlich)

F1
F2
F3
F4
F5
F6
F7
F8

Sicherheitsnadel befestigen (siehe Zeichnung). Achtung: Das Band ist symmetrisch gearbeitet! Jeweils gegenüberliegende Fäden haben die gleiche Farbe. Es ist wichtig, die Fäden vor Beginn der Knüpfarbeit in der richtigen Reihenfolge zu sortieren:

F1 und F8 lila,
F2 und F 7 grün,
F3 und F6 grau,
F4 und F5 lila.

Knüpfweise

(siehe Zeichnung)

F1 F2 F3 F4 F5 F6 F7 F8

A Das Band wird im sogenannten „Pfeilspitzenmuster" geknüpft.

B Mit F1 je zwei Knoten nach rechts über F2, F3 und F4. F1 in der Mitte der Reihe ablegen.

C Mit F8 (rechts außen) je zwei Knoten nach links über F7, F6 und F5.

D Mit F1 und F8 zwei Knoten nach rechts.

E Die erste „Spitze" ist fertig.

F Die nächsten Reihen werden auf die gleiche Weise geknüpft. Wenn die eine Hälfte des Bändchens lang genug ist, das Bändchen mit einem kleinen Zopf beenden und das Ende verknoten.

G Knoten hinter der Perle lösen und das Bändchen umdrehen.

H Auf der anderen Seite der Perle die Fäden verknoten und die zweite Seite knüpfen, wie oben beschrieben.

Pfeilspitz- band auf der Jeans- jacke

LEICHT

Anchor-Perlgarn Nr. 5
(Coats Mez)
Die Länge der Fäden rich-
tet sich nach der Breite der
Jackentasche. Die Fäden
müssen ungefähr viermal
so lang sein wie das späte-
re Bändchen. Für das Band
auf der abgebildeten Kin-
derjacke waren die Fäden
80 cm lang.
2 Fäden hellblau (130)
4 Fäden dunkelblau (150)
2 Fäden weiß (1)
evtl. winzige, bunte Glas-
perlen
(aufgefädelt)

So wird's gemacht

Fäden verknoten, Sicherheitsnadel
anbringen und die Fäden nach Far-
ben sortieren:
F1 und F8 dunkelblau,
F2 und F7 hellblau,
F3 und F6 dunkelblau,
F4 und F5 weiß.

Knüpfweise

A Geknüpft wird im Pfeilspitzenmuster (siehe auch Seite 16).
Mit F1 je zwei Knoten nach rechts über F2, F3 und F4.
Faden in der Mitte liegenlassen.

B Mit F8 je zwei Knoten nach links über F7, F6 und F5.
Faden in der Mitte liegenlassen.

C Die beiden Fäden, die als F1 und F8 am Anfang ganz außen lagen, sind jetzt in die Mitte zu den Positionen F4 und F5 gewandert.
Mit F4 zwei Knoten (abwechselnd geknüpft) über F5.
Es ist eine dunkelblaue Spitze entstanden.

D Im Pfeilspitzenmuster weiterarbeiten, bis das Band die gewünschte Länge hat.
Fäden verknoten, Enden abschneiden.

E Das Band mit farblich passendem Nähfaden auf die obere Kante der Tasche nähen.

F Die aufgefädelten Perlen rund um die Taschenklappe nähen.

G Farbige Broschen – hier eine winzige Panflöte und zwei „Sorgenpüppchen" – ergänzen das Band dekorativ.

Mein Tip:

Gerade zu Jeans passen Freundschaftsbänder besonders gut. Nicht nur die Jacke, auch die Hosentaschen lassen sich damit schnell und individuell verzieren. Und wie wär's mit bunten Gürtelschlaufen?

Spannfadenbändchen

LEICHT

Den Reiz dieses Bandes macht außer den zarten, fein abgestimmten Farben auch der Kontrast zwischen den festen Knoten und den losen Spannfäden aus, die als Längsstreifen neben den schrägen Knotenreihen erscheinen.

Knüpfweise

A Die ersten 4 Reihen werden im Grundmuster geknüpft (siehe Seite 11):
Mit F1 (links außen, brombeere) je zwei Knoten nach rechts über F2, F3, F4, F5, F6, F7 und F8. F1 nach rechts legen.
Mit dem jeweils links außen liegenden Faden auf die gleiche Weise fortfahren, bis 4 Reihen geknüpft sind.

Material

Anchor-Perlgarn Nr. 5
(Coats Mez)
8 Fäden/90 cm
2 Fäden altrosé (969)
2 Fäden rosé (76)
2 Fäden brombeere (972)
2 Fäden lila (109)

So wird's gemacht

Fäden verknoten, Sicherheitsnadel anbringen und die Fäden nach Farben sortieren:
F1 brombeere,
F2 altrosé,
F3 rosé,
F4 lila,
F5 lila,
F6 rosé,
F7 altrosé,
F8 brombeere.

B In den nächsten 4 Reihen werden F1, F2, F3 und F4 nicht geknüpft.

C Mit F5 je zwei Knoten nach rechts über F6, F7 und F8. F5 nach rechts legen.

D Auf diese Weise 4 Reihen mit den Fäden F5, F6, F7 und F8 knüpfen.

E Jetzt sind 8 Reihen geknüpft.

F 4 Reihen im Grundmuster mit allen acht Fäden knüpfen.

G Dann mit F1 je zwei Knoten nach rechts über F2, F3 und F4. (Diesmal bleiben die Fäden F5, F6, F7 und F8 für vier Reihen unge-knüpft.)

H Auf diese Weise 4 Reihen mit den Fäden F1, F2, F3 und F4 knüpfen.

I Vier Reihen über alle 8 Fäden im Grundmuster knüpfen.

J Im Wechsel fortfahren:
4 Reihen mit Spannfäden F1, F2, F3 und F4,
4 Reihen Grundmuster über 8 Fäden,
4 Reihen mit Spannfäden F5, F6, F7 und F8,
4 Reihen Grundmuster über 8 Fäden.

K Wenn das Band lang genug ist, beide Seiten mit einer Kordel been-den.

Mein Tip:

Ein Faden ist immer der Knüpf- oder Arbeitsfaden. Bei acht Fäden sind also immer nur sieben Knoten zu sehen. Wenn vier Fäden ungeknüpft bleiben (Spannfäden), hat eine Reihe also nur drei Knoten.

Band „Mexiko"

LEICHT

Dem raffinierten Muster dieses Bandes sieht niemand an, daß es ganz einfach zu knüpfen ist. Es kommt in kräftigen Farben und starken Kontrasten am besten zur Geltung.

Material

Anchor-Perlgarn Nr. 5
(Coats Mez)
8 Fäden/90 cm
2 Fäden rot (46)
2 Fäden schwarz (403)
2 Fäden gelb (290)
2 Fäden grün (230)

So wird's gemacht

Fäden verknoten, Sicherheitsnadel befestigen und die Fäden nach Farben sortieren:
F1 und F2 rot,
F3 und F4 schwarz,
F5 und F6 gelb,
F7 und F8 grün.

Knüpfweise

Grundmuster: Mit F1 je zwei Knoten nach rechts über F2, F3, F4, F5, F6, F7 und F8. Der Arbeitsfaden F1 wird nach Abschluß der Knotenreihe zu F8. Der linke äußere Faden ist neuer F1!

A Mit F1 (rot) im Grundmuster bis F8, Faden nach rechts legen.
Mit F1 (rot) im Grundmuster bis F7. Faden nach rechts legen.
Mit F1 (schwarz) im Grundmuster bis F6. Faden nach rechts legen.
Mit F1 (schwarz) im Grundmuster bis F5. Faden nach rechts legen.
Mit F1 (gelb) im Grundmuster bis F4. Faden nach rechts legen.
Mit F1 (gelb) im Grundmuster bis F3. Faden nach rechts legen.

B Mit F2 zwei Knoten nach links über F1. Faden nach links legen.
Mit F3 je zwei Knoten nach links über F2 und F1. Faden nach links legen.
Mit F4 je zwei Knoten nach links über F3, F2 und F1. Faden nach links legen.
Mit F5 je zwei Knoten nach links über F4, F3, F2 und F1. Faden nach links legen.
Mit F6 je zwei Knoten nach links über F5, F4, F3, F2 und F1. Faden nach links legen.

C Mit F8 (rot) einen Knoten nach links auf F7 (rot) und einen Knoten nach rechts zurück. Diesen Vorgang 14 mal wiederholen (siehe Detailfoto).

D Mit F6 (grün) je zwei Knoten nach rechts über F7 und F8.
Mit F5 (grün) je zwei Knoten nach rechts über F6, F7 und F8. Mit F4 (gelb) je zwei Knoten nach rechts über F5, F6, F7 und F8.
Mit F3 (gelb) je zwei Knoten nach rechts über F4, F5, F6, F7 und F8.

Mit F2 (schwarz) je zwei Knoten nach rechts über F3, F4, F5, F6, F7 und F8.
Mit F1 (schwarz) je zwei Knoten nach rechts über F2, F3, F4, F5, KF6, F7 und F8.

E Alle Punkte wiederholen, bis das Band lang genug ist. Die Farbfolge ändert sich dabei. Dem, der sich genau an die Fadenbezeichnungen hält, gelingt das Band aber sicher.

F Beide Enden mit einem Zopf abschließen.

Mein Tip:

Der linke äußere Faden ist immer F1! Wer sich daran hält, den verwirren die verschiedenen nach links und rechts geknüpften Knoten nicht

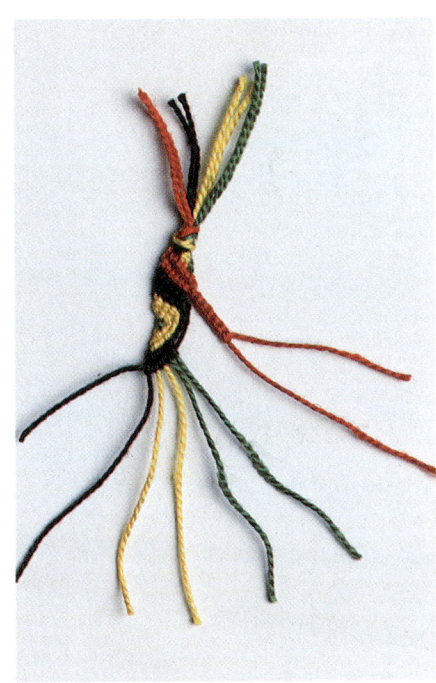

Bücherwurm „Klaus"

LEICHT

Ein originelles Geschenk für Leseratten ist dieser bunte Bücherwurm, der frech oben aus dem Buch herausschaut.

So wird's gemacht

Fäden zusammenknoten, über dem Knoten 8 bis 10 cm Fäden stehenlassen. Sicherheitsnadel befestigen und Fäden sortieren:
F1 und F12 orange,
F2 und F11 grün,
F3 und F10 schwarz,
F4 und F9 gelb,
F5 und F8 orange,
F6 und F7 blau.

Knüpfweise

A Das Band wird im Pfeilspitzenmuster geknüpft (siehe Seite 16).

B Mit F1 (orange) jeweils zwei Knoten nach rechts über F2, F3, F4, F5, F6.

C Mit F12 (orange) je zwei Knoten nach links über F11, F10, F9, F8, F7.

D Mit F6 (orange) zwei Knoten nach rechts über F7 (orange).
Eine orangefarbene Spitze ist entstanden.

E Jeweils die äußersten Fäden auf die gleiche Weise zur Mitte hin knüpfen, wie beschrieben, bis das Band die gewünschte Länge hat.

F Als Abschluß jeweils drei Fäden zu einem etwa 6 cm langen Zöpfchen flechten.

G Knoten am oberen Ende des Bändchens auflösen. Holzperle als „Kopf" auf die Fäden aufziehen und die Fäden oberhalb der Perle wieder verknoten. Die überstehenden Fäden bilden einen „Haarschopf".

H Mit wisch- und wasserfesten Filzstiften ein Gesicht auf die Perle malen.

Band „Christina"

NICHT SCHWER

Wer ein geknüpftes Armband beispielsweise vor dem Duschen abnehmen möchte, der kann statt der Zöpfe an den Enden Verschlüsse anbringen, wie sie auch für Halsketten üblich sind.

Material

Anchor-Perlgarn Nr. 5
(Coats Mez)
6 Fäden/80 cm
2 Fäden blau (127)
2 Fäden rosé (26)
2 Fäden weiß (1)
1 Kalotten-Verschluß (zweiteilig; aus dem Bastelgeschäft)

So wird's gemacht

Fäden verknoten, Sicherheitsnadel befestigen und die Fäden nach Farben sortieren:
F1 und F6 blau,
F2 und F5 rosé,
F3 und F4 weiß.

Knüpfweise

A Mit F1 (blau) je zwei Knoten nach rechts über F2 und F3.
Mit F6 (blau) je zwei Knoten nach links über F5 und F4.
Mit F3 zwei Knoten nach rechts über F4. Eine blaue Pfeilspitze ist entstanden.

B Mit F3 zwei Knoten nach links über F2. Faden liegenlassen.
Mit F4 zwei Knoten nach rechts über F5. Faden liegenlassen.

C Mit F3 (weiß) zwei Knoten nach rechts über F4.
Mit F2 (blau) zwei Knoten nach rechts über F3.
Mit F5 (blau) zwei Knoten nach links über F4.
In der Mitte die blauen Fäden abwechselnd links und rechts zusammenknoten.

D Mit F2 (weiß) zwei Knoten nach links über F1 (rosé).
Mit F5 (weiß) zwei Knoten nach rechts üer F6 (rosé).

E Mit F3 (blau) je zwei Knoten nach links über F2 und F1.
Mit F4 (blau) je zwei Knoten nach rechts über F5 und F6.

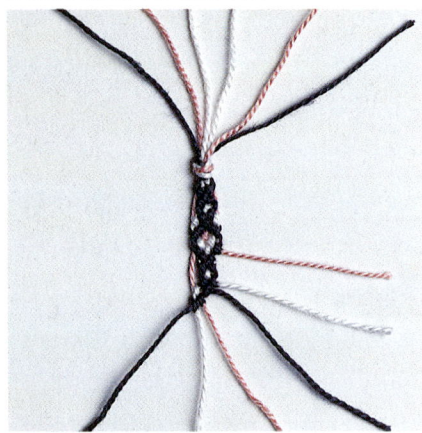

F Mit F3 (rosé) zwei Knoten nach rechts über F4.
Mit F2 (weiß) zwei Knoten nach rechts über F3.

G Mit F5 (weiß) zwei Knoten nach links über F4.
Mit F3 (weiß) zwei Knoten nach rechts über F4.

H Punkt **A** bis **G** wiederholen, bis das Band die gewünschte Länge hat.

I Anfang und Ende des Bandes mit einem doppelten Knoten sichern und die Kalotten darüberziehen. Mit einer Zange fest zusammenpressen und die Fadenenden abschneiden.

Wellenband

NICHT SCHWER

Das Band mit dem dezenten Wellenmuster in den Farben Schwarz und Silber wirkt so edel, daß auch Väter es sich sicher gern ums Handgelenk binden lassen.

Material

Anchor-Perlgarn Nr. 5 (Coats Mez)
8 Fäden/100 cm:
4 Fäden schwarz (403)
4 Fäden silber (234)

Knüpfweise

A Mit F1 je zwei Knoten nach rechts über F2, F3, F4, F5, F6, F7 und F8. Faden nach rechts legen.

B Mit F1 je zwei Knoten nach rechts über F2, F3, F4, F5, F6 und F7. Faden nach rechts legen.

C Mit F1 je zwei Knoten nach rechts über F2, F3, F4, F5 und F6.
Mit F1 je zwei Knoten nach rechts über F2, F3, F4 und F5.
Mit F1 je zwei Knoten nach rechts über F2, F3 und F4.
Mit F1 je zwei Knoten nach rechts über F2 und F3.
Mit F1 zwei Knoten nach rechts über F2.

D Mit F3 je zwei Knoten nach links über F2 und F1.
Mit F4 je zwei Knoten nach links über F3, F2 und F1.
Mit F5 je zwei Knoten nach links über F4, F3, F2 und F1.
Mit F6 je zwei Knoten nach links über F5, F4, F3, F2 und F1.
Mit F7 je zwei Knoten nach links über F6, F5, F4, F3, F2 und F1.

E Jetzt geht's wieder zurück:
Mit F8 je zwei Knoten nach links über F7, F6, F5, F4, F3 und F2.
Mit F8 je zwei Knoten nach links über F7, F6, F5, F4 und F3.
Mit F8 je zwei Knoten nach links über F7, F6, F5 und F4.
Mit F8 je zwei Knoten nach links über F7, F6 und F5.
Mit F8 je zwei Knoten nach links über F7 und F6.
Mit F8 zwei Knoten nach links über F7.

F Wir ändern wieder die Richtung:
Mit F6 je zwei Knoten nach rechts über F7 und F8.
Mit F5 je zwei Knoten nach rechts über F6, F7 und F8.

So wird's gemacht

Fäden verknoten, Sicherheitsnadel befestigen und die Fäden nach Farben sortieren:
F1 und F8 silber,
F2 und F7 schwarz,
F3 und F6 silber,
F4 und F5 schwarz.

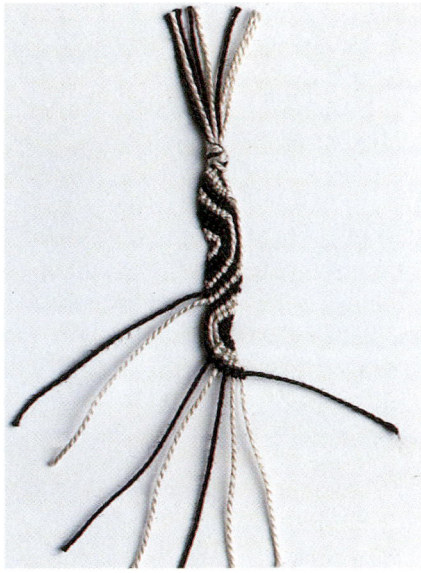

Mit F4 je zwei Knoten nach rechts über F5, F6, F7 und F8.
Mit F3 je zwei Knoten nach rechts über F4, F5, F6, F7 und F8.
Mit F2 je zwei Knoten nach rechts über F3, F4, F5, F6, F7 und F8.
Mit F1 je zwei Knoten nach rechts über F2, F3, F4, F5, F6, F7 und F8.

G Punkt **B** bis **D** wiederholen und anschließend mit F8 je zwei Knoten nach links über F7, F6, F5, F4, F3, F2 und F1 knüpfen.

H Punkt **E** und **F** wiederholen. Dabei verändert sich die Farbfolge ständig.

I Punkt **B** bis **D** wiederholen und anschließend mit F8 je zwei Knoten nach links über F7, F6, F5, F4, F3, F2 und F1 knüpfen.

J Punkt **E** und **F** wiederholen und das Band mit einem Zopf an jedem Ende abschließen.

Mein Tip:

Dieses Band sieht auch sehr apart aus, wenn die linke Seite außen getragen wird.

Papageienband

MITTELSCHWER

Wer's bunt liebt, wird von diesem
farbenfrohen Band begeistert sein.
Für einen zusätzlichen Effekt sorgen
die beiden Keramikperlen.

Material

Anchor-Perlgarn Nr. 5
(Coats Mez)
12 Fäden/100 cm:
2 Fäden gelb (288)
2 Fäden orange (332)
2 Fäden rot (46)
2 Fäden lila (95)
2 Fäden hellblau (131)
2 Fäden dunkelblau (133)
2 Keramikperlen

So wird's gemacht

Fäden verknoten, Sicherheitsnadel
befestigen und die Fäden nach Far-
ben sortieren:
F1 und F12 lila,
F2 und F11 dunkelblau,
F3 und F10 hellblau,
F4 und F9 rot,
F5 und F8 orange,
F6 und F7 gelb.

Knüpfweise

A Mit F1 je zwei Knoten nach rechts
über F2, F3, F4, F5 und F6.
Mit F12 je zwei Knoten nach links
über F11, F10, F9, F8 und F7.
Mit F6 zwei Knoten nach rechts: Die
erste Spitze in Lila ist fertig.
Auf die gleiche Weise sechs weitere
Spitzen arbeiten. Die letzte Spitze ist
wieder lila.

B Mit F1 (dunkelblau) acht Knoten
nach links über F2.
Mit F12 (dunkelblau) acht Knoten
nach rechts über F11.

C Mit F3 (rot) je zwei Knoten nach
rechts über F4, F5 und F6.
Mit F10 je zwei Knoten nach links
über F9, F8 und F7.

D Mit F6 je zwei Knoten nach links
über F5, F4, F3, F2 und F1.
Mit F6 je zwei Knoten nach rechts
über F7, F8, F9, F10, F11 und F12.
Ein rotes Kreuz ist entstanden.
F6 und F7 (lila) zusammenknoten.

E Mit F6 je zwei Knoten nach links
über F5, F4, F3, F2 und F1.
Mit F7 je zwei Knoten nach rechts
über F8, F9, F10, F11 und F12.
Weiter geht's von der Mitte aus mit
fünf Pfeilspitzen. Die letzte Spitze ist
hellblau.

F Mit F1 acht Knoten nach rechts
über 2 Fäden (F2 und F3).
Mit F12 acht Knoten nach links über
2 Fäden (F11 und F12).

G Eine Perle über F4, F5, F6, F7, F8
und F9 ziehen.

H Mit F1 (hellblau) je zwei Knoten nach rechts über F2, F3, F4, F5 und F6.
Mit F12 (hellblau) je zwei Knoten nach links über F11, F10, F9, F8 und F7.
F6 und F7 zusammenknoten.

I Mit F1 acht Knoten nach links über F2.
Mit F12 acht Knoten nach rechts über F11.

J Mit F6 je zwei Knoten nach links über F5, F4, F3, F2 und F1.
Mit F7 je zwei Knoten nach rechts über F8, F9, F10, F11 und F12.
Ein rotes Kreuz ist entstanden.
Von der Mitte aus vier Pfeilspitzen arbeiten. Die letzte ist hellblau.

K Punkt **F** bis **J** wiederholen, allerdings nach dem letzten roten Kreuz sieben Pfeilspitzen arbeiten. Die letzte Spitze ist lila.

L Die Fadenenden zu zwei Zöpfchen flechten.

Mein Tip:

Im Grunde eignen sich alle Perlen zum Einknüpfen in ein Freundschaftsband. Wenn das Band aber traditionsgemäß am Arm bleiben soll, bis es von selbst abfällt, müssen die Perlen unbedingt wasserfest sein. In Frage kommen zum Beispiel Keramik- oder Acrylperlen.

Fischband

MITTELSCHWER

Das attraktive Fischmuster ist nicht besonders schwer zu knüpfen, sieht aber in vielen Farbkombinationen gut aus. Ich stelle zwei davon vor. Wer mag, kann natürlich auch auffallendere Farben wählen.

Material

Anchor-Perlgarn Nr 5
(Coats Mez)
8 Fäden/100 cm:

Modell 1:
2 Fäden grün (213)
2 Fäden rosé (778)
2 Fäden schwarz (403)
2 Fäden rost (337)

Modell 2:
2 Fäden weiß (1)
2 Fäden grün (212)
2 Fäden gelb (313)
2 Fäden dunkelblau (127)

So wird's gemacht

Fäden verknoten, Sicherheitsnadel befestigen und die Fäden nach Farben sortieren (die Angaben in Klammern gelten für Modell 2):
F1 und F8 rosé (grün),
F2 und F7 rost (blau),
F3 und F6 schwarz (weiß),
F4 und F5 grün (gelb).

Knüpfweise

A Mit F1 je zwei Knoten nach rechts über F2, F3 und F4.
Mit F8 je zwei Knoten nach links über F7, F6 und F5.
F4 und F5 mit zwei Knoten nach rechts zusammenknoten.
Eine roséfarbene (grüne) Pfeilspitze ist entstanden.
Zwei weitere Pfeilspitzen arbeiten; die zweite ist schwarz (weiß).

B Mit F1 einen Knoten nach rechts und einen Knoten nach links über F2.

C Mit F8 einen Knoten nach links und einen Knoten nach rechts über F7.

D Mit F3 je zwei Knoten nach links über F2 und F1.
Mit F6 je zwei Knoten nach rechts über F7 und F8.

E Mit F4 je zwei Knoten nach links über F3, F2 und F1.
Mit F5 je zwei Knoten nach rechts über F6, F7 und F8.

F F4 und F5 miteinander verknoten.

G Mit F2 je zwei Knoten nach rechts über F3 und F4.

H Mit F7 je zwei Knoten nach links über F6 und F5.

I F4 und F5 miteinander verknoten.

J Mit F1 zwei Knoten nach rechts über F2, F3 und F4 (siehe Detailfoto).
Mit F8 je zwei Knoten nach links über F7, F6 und F5.

K F4 und F5 miteinander verknoten: Ein schwarzer (weißer) „Fisch" ist entstanden.

L Vier Pfeilspitzen knüpfen; die letzte Spitze ist schwarz (weiß).

M Punkt **B** bis **L** wiederholen, bis das Band die gewünschte Länge hat.

L Die Fadenenden zu zwei Zöpfchen flechten.

Band „Jenny"

MITTELSCHWER

Wieder ein Band, das farblich besonders gut zu Jeans paßt. Die elfjährige Jenny hat diese Kombination selbst ausgesucht.

Material

Anchor-Perlgarn Nr. 5
(*Coats Mez*)
8 Fäden/100 cm:
2 Fäden dunkelblau (127)
2 Fäden hellblau (130)
2 Fäden altrosé (969)
2 Fäden dunkelrot (70)

Knüpfweise

A Mit F1 je zwei Knoten nach rechts über F2, F3 und F4.
Mit F8 je zwei Knoten nach links über F7, F6 und F5.
F4 und F5 zusammenknoten: Eine blaue Spitze ist entstanden.
Weitere vier Pfeilspitzen nach dem gleichen Prinzip knüpfen.

B Mit F3 zwei Knoten nach rechts über F4.
Mit F6 zwei Knoten nach links über F5.
Mit F4 zwei Knoten nach rechts über F5.

C Punkt B einmal wiederholen.

D Mit F1 einen Knoten nach rechts und einen Knoten nach links über F2. Diesen Arbeitsgang noch dreimal wiederholen, bis acht Knoten bzw. vier Doppelknoten entstanden sind (siehe Detailfoto).

So wird's gemacht

Fäden verknoten, Sicherheitsnadel befestigen und die Fäden nach Farben sortieren:
F1 und F8 dunkelblau,
F2 und F7 hellblau,
F3 und F6 altrosé,
F4 und F5 dunkelrot.

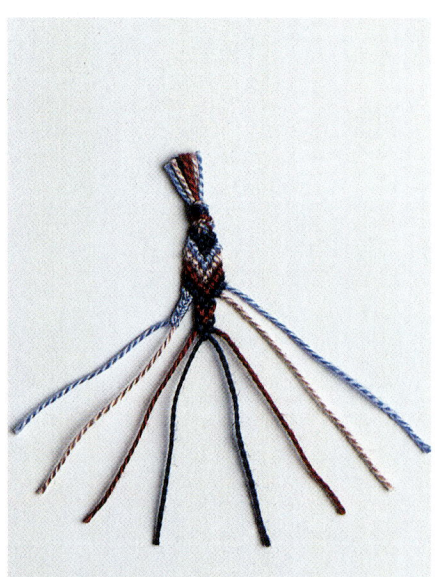

E Mit F8 einen Knoten nach links und einen Knoten nach rechts über F7. Diesen Arbeitsgang noch dreimal wiederholen, bis acht Knoten bzw. vier Doppelknoten entstanden sind.

F Mit F2 je zwei Knoten nach rechts über F3 und F4.
Mit F7 je zwei Knoten nach links über F6 und F5.
Mit F4 zwei Knoten nach rechts über F5.

G Mit F1 je zwei Knoten nach rechts über F2, F3 und F4.
Mit F8 je zwei Knoten nach links über F7, F6 und F5.
Mit F4 zwei Knoten nach rechts über F5.

H Punkt **A** bis **G** wiederholen, bis das Band die gewünschte Länge hat.

I Die Fadenenden zu zwei Zöpfchen flechten.

Mein Tip:

Besondere Verbundenheit kann man zum Beispiel zeigen, indem man für sich und den Freund, dem man ein Band schenkt, dasselbe Muster knüpft – vielleicht für jeden in seinen Lieblingsfarben.

Band „Silvia"

MITTELSCHWER

Jetzt haben Fortgeschrittene die Chance zu zeigen, was sie können: Pfeilspitzen, Spannfäden, „Augen" – in dieses Bändchen sind gleich mehrere Muster eingearbeitet.

Material

Anchor-Perlgarn Nr. 5
(Coats Mez)
10 Fäden/100 cm:
2 Fäden gelbgrün (278)
2 Fäden dunkelgrün (210)
2 Fäden dunkelrot (72)
4 Fäden rot (13)

So wird's gemacht

Fäden verknoten, Sicherheitsnadel befestigen und die Fäden fächerartig nach Farben sortieren:
F1 und F10 rot,
F2 und F9 rot,
F3 und F8 dunkelgrün,
F4 und F7 gelbgrün,
F5 und F6 dunkelrot.

Knüpfweise

A Mit F1 (rot) je zwei Knoten nach rechts über F2, F3, F4 und F5.
Mit F10 (rot) je zwei Knoten nach links über F9, F8, F7 und F6.
Mit F5 zwei Knoten über F6: Eine rote Pfeilspitze ist entstanden.
Auf die gleiche Weise drei weitere Pfeilspitzen arbeiten (die letzte ist gelbgrün).

B Mit F5 zwei Knoten nach links über F4.
Mit F6 zwei Knoten nach rechts über F7.

C Mit F5 zwei Knoten nach rechts über F6.

D Mit F4 zwei Knoten nach rechts über F5.
Mit F7 zwei Knoten nach links über F6.
F5 und F6 verknoten.

E Punkt **B** bis **D** wiederholen.

F Mit F4 (dunkelgrün) je zwei Knoten nach links über F3, F2 und F1.
Mit F7 (dunkelgrün) je zwei Knoten nach rechts über F8, F9 und F10.

G Mit F5 (gelbgrün) je zwei Knoten nach links über F4, F3, F2 und F1.
Mit F6 (gelbgrün) je zwei Knoten nach rechts über F7, F8, F9 und F10.

H F5 und F6 (rot) mit zwei Knoten verbinden.

I Punkt **G** und **H** dreimal wiederholen.

J Mit F5 je zwei Knoten nach links über F4, F3, F2 und F1.
Mit F6 je zwei Knoten nach rechts über F7, F8, F9 und F10.

K Mit F5 je zwei Knoten nach links über F4, F3 und F2.

Mit F6 je zwei Knoten nach rechts über F7, F8, F9 und F10.

L Mit F5 je zwei Knoten nach links über F4 und F3.
Mit F6 zwei Knoten nach rechts über F7 und F8.
Mit F5 (dunkelrot) zwei Knoten nach rechts über F6.

M Mit F4 zwei Knoten nach rechts über F5.
Mit F7 zwei Knoten nach links über F6.
F5 und F6 zusammenknoten.

N Mit F3 je zwei Knoten nach rechts über F4 und F5.
Mit F8 je zwei Knoten nach links über F7 und F6.
F5 und F6 zusammenknoten.

O Mit F2 je zwei Knoten nach rechts über F3, F4 und F5.
Mit F9 je zwei Knoten nach links über F8, F7 und F6.
F5 und F6 zusammenknoten.

P Mit F1 je zwei Knoten nach rechts über F2, F3, F4 und F5.
Mit F10 zwei Knoten nach links über F9, F8, F7 und F6.
F5 und F6 zusammenknoten.

Q Punkt **B** bis **P** wiederholen.

R Die Fadenenden zu zwei Zöpfchen flechten

Mein Tip:

Wer nicht soviel Geduld hat, das ganze Band zu knüpfen, kann auch originelle Gürtelschlaufen nach diesem Muster arbeiten.

Zickzackband auf dem Matchsack

MITTELSCHWER

Von der Technik her ist dieses Band leicht zu knüpfen. Die langen Fäden erfordern jedoch Erfahrung und Geduld. Die Mühe lohnt sich, denn das Muster wirkt durch die Farbverteilung geradezu dreidimensional.

Material

Anchor-Perlgarn Nr. 5
(Coats Mez)
12 Fäden/200 cm:
2 Fäden grün (230)
4 Fäden orange (330)
2 Fäden gelb (302)
2 Fäden schwarz (403)
2 Fäden braun (351)
Matchsack aus Leder
Ledernadel
Nähfaden

So wird's gemacht

Fäden verknoten, Sicherheitsnadel befestigen und die Fäden fächerartig nach Farben sortieren:
F1 und F12 orange,
F2 und F11 schwarz,
F3 und F10 grün,
F4 und F9 braun,
F5 und F8 gelb,
F6 und F7 orange.

Knüpfweise

A Mit F1 (orange) je zwei Knoten nach rechts über F2, F3, F4, F5, F6, F7, F8, F9, F10, F11 und F12.
Mit F1 (grün) je zwei Knoten nach rechts über F2, F3, F4, F5, F6, F7, F8, F9, F10, F11 und F12.
Mit F1 (braun) je zwei Knoten nach rechts über F2, F3, F4, F5, F6, F7, F8, F9, F10, F11 und F12.
Mit F1 (gelb) je zwei Knoten nach rechts über F2, F3, F4, F5, F6, F7, F8, F9, F10, F11 und F12.
Mit F1 (orange) je zwei Knoten nach rechts über F2, F3, F4, F5, F6, F7, F8, F9, F10, F11 und F12.

B Mit F7 (orange) je zwei Knoten nach links über F6, F5, F4, F3, F2 und F1.
Mit F8 (schwarz) je zwei Knoten nach links über F7, F6, F5, F4, F3, F2 und F1.
Auf der linken Seite des Bandes ist ein kleines Dreieck aus Spannfäden entstanden.
Mit F9 (grün) je zwei Knoten nach links über F8, F7, F6, F5, F4, F3, F2 und F1.
Mit F10 (braun) je zwei Knoten nach links über F9, F8, F7, F6, F5, F4, F3, F2 und F1.
Mit F11 (gelb) je zwei Knoten nach links über F10, F9, F8, F7, F6, F5, F4, F3, F2 und F1.
Mit F12 (orange) je zwei Knoten nach links über F11, F10, F9, F8, F7, F6, F5, F4, F3, F2 und F1.

C Mit F6 (orange) je zwei Knoten nach rechts über F7, F8, F9, F10, F11 und F12.

Mit F5 (schwarz) je zwei Knoten nach rechts über F6, F7, F8, F9, F10, F11 und F12.
Mit F4 (grün) je zwei Knoten nach rechts über F5, F6, F7, F8, F9, F10, F11 und F12.
Mit F3 (braun) je zwei Knoten nach rechts über F4, F5, F6, F7, F8, F9, F10, F11 und F12.
Mit F2 (gelb) je zwei Knoten nach rechts über F3, F4, F5, F6, F7, F8, F9, F10, F11 und F12.
Mit F1 (orange) je zwei Knoten nach rechts über F2, F3, F4, F5 F6, F7, F8, F9, F10, F11 und F12.

D Punkt **B** und **C** wiederholen, bis das Band die für den Matchsack nötige Länge hat.

E Aus den zwölf Fäden an jedem Ende des Bandes jeweils vier Zöpfchen flechten.

F Das Band mit einer Ledernadel und Nähfaden unsichtbar auf dem Matchsack annähen.

Band „Phantasia"

NICHT LEICHT

Auch wer andere Farben für dieses effektvolle Band aussucht, sollte sie mit Schwarz kombinieren, das alle anderen Töne zum Leuchten bringt.

Material

Anchor-Perlgarn Nr. 5
(Coats Mez)
8 Fäden/90 cm:
2 Fäden schwarz (403)
2 Fäden dunkelgrün (210)
2 Fäden hellgrün (241)
2 Fäden orange (324) .

So wird's gemacht

Fäden verknoten, Sicherheitsnadel befestigen und die Fäden nach Farben sortieren:
F1 und F8 schwarz,
F2 und F7 orange,
F3 und F6 dunkelgrün,
F4 und F5 hellgrün.

Knüpfweise

A Mit F4 je zwei Knoten nach rechts über F5.

B Mit F4 je zwei Knoten nach links über F3, F2 und F1.
Mit F5 je zwei Knoten nach rechts über F6, F7 und F8: Die erste Spitze ist fertig.

C Mit F4 zwei Knoten nach rechts über F5. Faden liegenlassen.
Mit F4 je zwei Knoten nach links über F3, F2 und F1.
Mit F5 je zwei Knoten nach rechts über F6, F7 und F8.

Weitere vier Spitzen nach diesem Schema knüpfen.

D Mit F1 (dunkelgrün) einen Knoten nach rechts und einen Knoten zurück nach links auf F2. Diesen Vorgang (abwechselnd geknüpfter Doppelknoten) noch siebenmal wie-

derholen. Insgesamt werden acht Doppelknoten geknüpft.

E Mit F8 einen Knoten nach links und einen Knoten zurück nach rechts auf F7. Den Doppelknoten ebenfalls noch siebenmal wiederholen.

F F4 und F5 (beide orange) mit zwei Knoten nach rechts verknüpfen.
Mit F3 (schwarz) zwei Knoten nach rechts auf F4.
Mit F6 (schwarz) zwei Knoten nach links auf F5.
F4 und F5 (beide schwarz) miteinander verknoten.

G Mit F4 (schwarz) zwei Knoten nach links auf F3.
Mit F5 zwei Knoten nach rechts auf F6.
F4 und F5 (orange) zusammenknoten.
Mit F3 (schwarz) zwei Knoten nach rechts auf F4.
Mit F6 (schwarz) zwei Knoten nach links auf F5.
F4 und F5 zusammenknoten.

H Mit F2 (dunkelgrün) je zwei Knoten nach rechts über F2, F3 und F4.
Mit F8 (dunkelgrün) je zwei Knoten nach links übr F7, F6 und F5.
Die mittleren beiden Fäden zusammenknoten: Eine Pfeilspitze ist entstanden.
Auf die gleiche Weise zwei weitere Pfeilspitzen knüpfen.

I Mit F1 (hellgrün) je zwei Knoten nach rechts über F2 und F3.
Mit F8 (hellgrün) je zwei Knoten nach links über F7 und F6.
F4 und F5 (schwarz) ruhen vorerst.

J Mit F1 (dunkelgrün) zwei Knoten nach rechts über F2.
Mit F8 (dunkelgrün) zwei Knoten nach links über F7.
Mit F3 (hellgrün) je zwei Knoten nach links über F2 und F1.
Mit F6 (hellgrün) je zwei Knoten nach rechts über F7 und F8.
Mit F4 und F5 (schwarz) zwei Knoten nach rechts.

K Mit F4 (schwarz) je zwei Knoten nach links über F3, F2 und F1.
Mit F5 (schwarz) je zwei Knoten nach rechts über F6, F7 und F8.

L Ab *B* wiederholen, bis das Bändchen die gewünschte Länge hat.

K Das Band mit je einem Zopf an den beiden Enden abschließen.

Band „Inka"

SCHWER

Bei diesem besonders reizvollen Band kommt es darauf an, die Fäden immer gut zu sortieren. Weil nur mit zwei Farben geknüpft wird, verliert man sonst leicht die Übersicht

Material

Anchor-Perlgarn Nr. 5
(Coats Mez)
8 Fäden/90 cm:
4 Fäden schwarz (403)
4 Fäden silbergrau (234)
2 Metallperlen, ca. 40 mm lang

So wird's gemacht

Fäden einige Zentimeter neben der Mitte verknoten, Sicherheitsnadel befestigen und durch jede Perle 4 Fäden in der gleichen Farbe ziehen. F1, F2, F3 und F4 silbergrau, F5, F6, F7 und F8 schwarz.

Knüpfweise

A Mit F4 (grau) zwei Knoten nach rechts über F5 (schwarz).
Mit F3 (grau) zwei Knoten nach rechts über F4 (schwarz).
Mit F6 (schwarz) zwei Knoten nach links über F5 (grau).
Mit F2 (grau) zwei Knoten nach rechts über F3 (schwarz).
Mit F7 (schwarz) zwei Knoten nach links über F6 (grau).
Mit F1 (grau) je zwei Knoten nach rechts über F2, F3 und F4.
Mit F8 (schwarz) je zwei Knoten nach links über F7, F6 und F5 (siehe Detailfoto).

B Punkt **A** wiederholen, bis das Band die halbe gewünschte Länge hat.
Wie oft der Musterrapport wiederholt werden muß, hängt auch von der Länge der eingearbeiteten Perlen ab. Wenn das Band für ein Mädchen mit schmalem Handgelenk gedacht ist, sollten die Perlen kürzer sein als für ein Männerband. Notfalls gleichen die Zöpfe an den Enden etwa fehlende Länge aus.

C Den Knoten auf der ungeknüpften Seite lösen und wie oben beschrieben weiterknüpfen. Auch diese Seite mit einem Zopf abschließen.

Mein Tip:

Bei der Wiederholung des Musters ändert sich die Farbfolge. Am leichtesten orientiert man sich, wenn man die Fäden fächerartig vor sich ausbreitet (evtl. auf einem Kissen). Das Muster ist beim Knüpfen schwer zu erkennen, deshalb ist etwas Routine nötig.

Band „Feuersalamander"

SCHWER

Dieses Modell ist eine Herausforderung für die Knüpf-Profis, die sich bis hierher durchgearbeitet haben. Dafür lassen sich nach der gleichen Anleitung gleich zwei verschiedene Bänder arbeiten.

Material

Anchor-Perlgarn Nr. 5
(Coats Mez)
8 Fäden/100 cm
4 Fäden schwarz (403)
4 Fäden rot (46)

So wird's gemacht

Fäden verknoten, Sicherheitsnadel befestigen und die Fäden nach Farben sortieren:
F1, F3, F6 und F8 rot,
F2, F4, F5 und F7 schwarz.

Knüpfweise

A Die ersten drei Reihen werden im Pfeilspitzmuster gearbeitet:
Mit F1 (rot) je zwei Knoten nach rechts über F2, F3 und F4.
Mit F8 (rot) je zwei Knoten nach links über F7, F6 und F5.
F4 und F5 in der Mitte abwechselnd verknoten: Eine rote Spitze ist entstanden.
Auf die gleiche Weise zwei weitere Spitzen knüpfen.

B Mit F1 (schwarz) je zwei Knoten nach rechts über F2 und F3.
Mit F8 (schwarz) je zwei Knoten nach links über F7 und F6.

C Die vier Fäden F4, F5 (rot), F3 und F6 (schwarz) nach unten spannen.
* Mit F1 (rot) einen Knoten nach rechts auf F2 (schwarz), dann einen Knoten zurück nach links auf F2. Auf diese Weise insgesamt acht Knoten im Wechsel knüpfen.
Mit F8 (rot) einen Knoten nach links auf F7 (schwarz) und einen Knoten zurück nach rechts auf F7. Auf diese Weise insgesamt acht Knoten im Wechsel knüpfen. *

D Mit F3 (schwarz) je zwei Knoten nach links über F2 (schwarz) und F1 (rot).
Mit F6 (schwarz) je zwei Knoten nach rechts über F7 (schwarz) und F8 (rot).

E Mit F4 (rot) je zwei Knoten nach links über F3 (schwarz) und F2 (rot).

Mit F5 (rot) je zwei Knoten nach rechts über F6 (schwarz) und F7 (rot).
Die mittleren Fäden (schwarz) abwechselnd miteinander verknoten (siehe Detailfoto S.43).

F Mit F7 (schwarz) je zwei Knoten nach links über F6 (rot) und F5 (schwarz).

Mit F2 (schwarz) je zwei Knoten nach rechts über F3 (rot) und F4 (schwarz).
Die schwarzen Fäden in der Mitte abwechselnd miteinander verknoten.

G Mit F1 (rot) je zwei Knoten nach rechts über F2, F3 und F4.
Mit F8 (rot) je zwei Knoten nach links über F7, F6 und F5.

Die mittleren roten Fäden abwechselnd miteinander verknoten.

H Zwei Reihen im Pfeilspitzmuster knüpfen (eine rote und eine schwarze Spitze.

I Die Punkte B bis H wiederholen. Wegen der veränderten Farbfolge (die letzte Spitze ist jetzt schwarz)

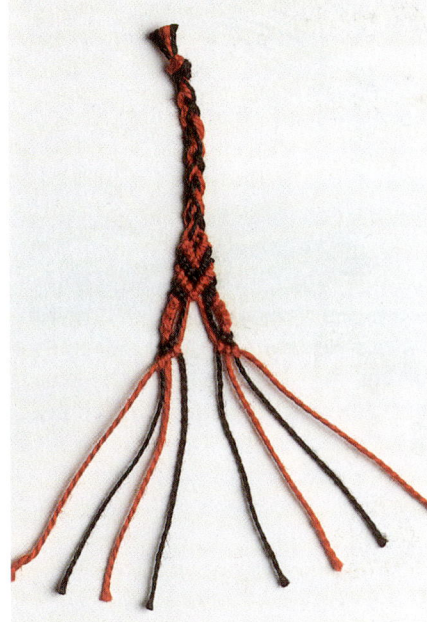

beim Wiederholen des Musters vertauschen sich die Farben.

J Das Band mit einem Zöpfchen an jedem Ende abschließen.

Mein Tip:

Nach dieser Anleitung lassen sich zwei verschiedene Bändchen knüpfen. Modell 2 entsteht, wenn man für die Wechselknoten bei Punkt **C** zwischen den Sternchen * den schwarzen statt des roten Fadens nimmt.

Hair Wraps

MITTELSCHWER

Zu den Freundschaftsbändern passen die beliebten Hair Wraps besonders gut: Haarsträhnen werden mit Garn in phantasievollen Mustern umwickelt – eine Mode, die in ganz Europa verbreitet ist. Wir stellen Hair Wraps zum Wechseln vor: Sie werden ganz aus Garn angefertigt und können unter dem Deckhaar befestigt werden. Nicht ganz original, aber praktisch, denn so können die bunten Strähnen vor der Haarwäsche abgenommen oder je nach Stimmung und Outfit gewechselt werden.

So wird's gemacht

A Zopfgummi um die Hälfte verkürzen und die Enden zusammennähen.

B Mindestens vier bis fünf verschiedenfarbige Garnfäden durch den Zopfgummi ziehen. Die Fäden müssen mindestens doppelt so lang sein wie die Haare.

C Alle Fäden (sie liegen jetzt doppelt) zusammennehmen, so daß ein Strang entsteht. Einen Faden auswählen und den Garnstrang sehr dicht und fest damit umwickeln.

D Zum Beenden eines Teilstücks den Faden durch eine Schlaufe ziehen (siehe Zeichnung). Bei dieser Technik werden die innenliegenden Fäden so dicht umwickelt, daß jeweils nur der Wickelfaden sichtbar bleibt.

E Man kann auch mit zwei Fäden gleichzeitig arbeiten, so daß „Ringel" entstehen. Auch dann schließt eine Schlaufe das Teilstück ab.

F Ein Kreuz entsteht, wenn man ein Stück zunächst einfarbig umwickelt und anschließend einen kontrastfarbigen Faden spiralförmig von unten nach oben bis zum Ende des vorhergehenden Abschnitts und wieder zurück nach unten führt. Mit einer Schlaufe beenden.

G Wenn die gewünschte Länge erreicht ist (oder man keine Lust mehr zum Weiterwickeln hat), verknotet man die Fäden. Unter dem Knoten wird eine Perle aufgezogen und mit einem weiteren Knoten befestigt. Darunter schneidet man die Fäden einfach ab.

H Wer das Hair Wrap nicht direkt an den Haaren, sondern wie beschrieben einzeln arbeitet, befestigt den Haargummi ganz einfach mit einer Haarklemme unter dem Deckhaar.

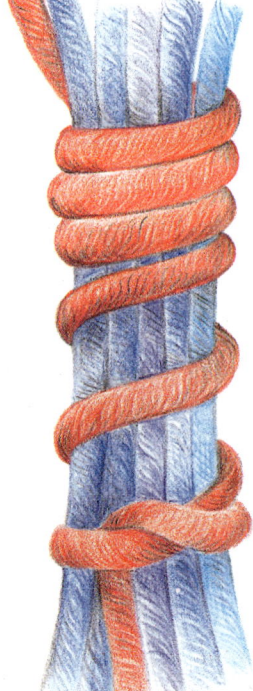

Material

Perlgarn oder Sticktwist
in verschiedenen Farben
1 bunte Keramikperle
(wasserbeständig)
1 Zopfgummi
Nähfaden und Nadel
1 Haarklemme

Haarspange

SCHWER

Wer schon viele Freundschaftsbänder geknüpft hat, wird sich gern an ein komplizierteres Muster wagen. Die Haarspange ist ein echtes Prachtstück, das auch fortgeschrittene Knüpfkünstler nicht langweilt.

Material

Anchor-Sticktwist *(Coats Mez)*
12 Fäden/90 cm:
2 Fäden dunkelgrün (245)
2 Fäden orange (332
2 Fäden sattgrün (212)
2 Fäden gelb (298)
2 Fäden hellgrün (254)
2 Fäden grasgrün (226)
1 Stück schwarzer Moosgummi, ca. 95 x 12 mm
1 Haarspange
1 Nadel

So wird's gemacht

Fäden verknoten, Sicherheitsnadel befestigen und die Fäden nach Farben sortieren:
F1 und F12 gelb,
F2 und F11 sattgrün,
F3 und F10 orange,
F4 und F9 dunkelgrün,
F5 und F8 hellgrün,
F6 und F7 grasgrün.

Knüpfweise

A Mit F1 (gelb) je zwei Knoten nach rechts über F2, F3, F4, F5 und F6.
Mit F12 (gelb) je zwei Knoten nach links über F11, F10, F9, F8 und F7. Die beiden gelben Fäden F6 und F7 in der Mitte zusammenknoten: Die erste Pfeilspitze ist fertig.
Auf die gleiche Weise zwei weitere Spitzen arbeiten.

B Mit F1 je zwei Knoten nach rechts über F2, F3, F4 und F5.
Mit F1 je zwei Knoten nach rechts über F2, F3 und F4. Faden liegenlassen.
Mit F1 je zwei Knoten nach rechts über F2 und F3. Faden liegenlassen.

Mit F1 je zwei Knoten nach rechts über F2.
Mit F3 je zwei Knoten nach links über F2 und F1.
Mit F4 je zwei Knoten nach links über F3, F2 und F1.
Mit F5 je zwei Knoten nach links über F4, F3, F2 und F1.
Mit F6 je zwei Knoten nach links über F5, F4, F3, F2 und F1.

C Mit F12 je zwei Knoten nach links über F11, F10, F9 und F8.
Mit F12 je zwei Knoten nach links über F11, F10 und F9.
Mit F12 je zwei Knoten nach links über F11 und F10.
Mit F12 zwei Knoten nach links über F11.

Mit F10 je zwei Knoten nach rechts über F11 und F12.
Mit F9 je zwei Knoten nach rechts über F10, F11 und F12.
Mit F8 je zwei Knoten nach rechts über F9, F10, F11 und F12.
Mit F7 je zwei Knoten nach rechts über F8, F9, F10, F11 und F12.
F6 und F7 (gelb) miteinander verknoten.

D Mit F6 zwei Knoten nach links über F5.
Mit F7 zwei Knoten nach rechts über F8.
F6 und F7 (grün) zusammenknoten.
Mit F5 zwei Knoten nach rechts über F6.
Mit F8 zwei Knoten nach links über F7.
F6 und F7 zusammenknoten.
Punkt **D** noch dreimal wiederholen.

E Mit F4 je zwei Knoten nach links über F3, F2 und F1.
Diesen Arbeitsschritt achtmal wiederholen.

F Mit F9 je zwei Knoten nach rechts über F10, F11 und F12.
Diesen Arbeitsschritt achtmal wiederholen.

G Mit F5 je zwei Knoten nach links über F4, F3, F2 und F1.
Mit F8 je zwei Knoten nach rechts über F9, F10, F11 und F12.
Mit F6 je zwei Knoten nach links über F5, F4, F3, F2 und F1.
Mit F7 je zwei Knoten nach rechts über, F8, F9, F10, F11 und F12.

H Vier Pfeilspitzen arbeiten.

I Die Punkte **D** bis **H** wiederholen, bis die Knüpfarbeit die gewünschte Länge hat.

J Das fertige Band mit grünem Sticktwist (226) auf den zugeschnittenen Moosgummi nähen. Die Rest-

fäden auf der Rückseite des Bandes zusammenfassen und in der Mitte der Spange hervorschauen lassen. Moosgummi und Band auf die Haarspange nähen oder kleben.

Mein Tip:

Wer ein Armband nach dem gleichen Muster arbeiten will, muß die Fäden 120 cm lang zuschneiden.

Die Deutsche Bibliothek -
CIP-Einheitsaufnahme

Freundschaftsbänder selber knüpfen :
Schritt-für-Schritt-Anleitungen ; viele neue
Ideen/
Marina Schories. - Augsburg : Augustus-Verlag,
1995
ISBN 3-8043-0355-2

Autorin und Verlag danken der Firma Coats Mez,
Kenzingen, für das bereitgestellte Material.

Fotografie: Klaus Lipa, Augsburg
Zeichnungen: Claudia Wiedenroth, Augsburg
Lektorat: Helene Weinold
Umschlaggestaltung: Christa Manner, München
Layout: Anton Walter, Gundelfingen

Augustus Verlag Augsburg 1995
© Weltbild Verlag GmbH, Augsburg

Satz: 10 Punkt Syntax in Quark-X-Press
von Walter Werbegrafik, Gundelfingen
Reproduktion: GAV Gerstetten
Druck und Bindung: Himmer, Augsburg

Gedruckt auf 120 g umweltfreundlich elementar
chlorfrei gebleichtem Papier.

ISBN 3-8043-0355-2

Printed in Germany